Das didaktische Konzept zu Sonne, Mond und Sterne
wurde mit Prof. Dr. Manfred Wespel, Pädagogische Hochschule
Schwäbisch Gmünd, entwickelt.

Beim Druck dieses Produkts wurde durch
den innovativen Einsatz der Kraft-Wärme-Kopplung
im Vergleich zum herkömmlichen
Energieeinsatz bis zu 52% weniger CO_2 emittiert.

© Verlag Friedrich Oetinger GmbH, Hamburg 2012
Alle Rechte vorbehalten
Titelbild und farbige Illustrationen von Miriam Cordes
Reproduktion: Domino Medienservice GmbH, Lübeck
Druck und Bindung: Mohn media · Mohndruck GmbH, Gütersloh
Printed 2012/II
ISBN 978-3-7891-1251-5

www.oetinger.de

Marliese Arold

Die Pony-Schule
Keine Angst vor Pferden

Bilder von
Miriam Cordes

Verlag Friedrich Oetinger · Hamburg

Inhalt

Die neue Schülerin   5

Luisa muss helfen   11

Lasse haut ab   17

Reitstunde für Luisa   28

Schokolade mit Biss   36

Leserätsel   40

Die neue Schülerin

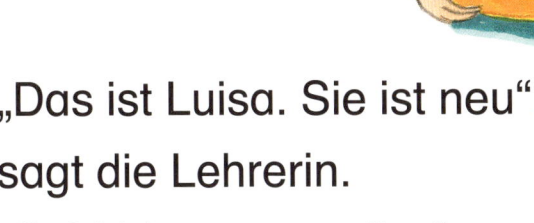

„Das ist Luisa. Sie ist neu",
sagt die Lehrerin.
„Seid bitte nett zu ihr."

„Hallo", sagt Luisa.
Sie hat rote Haare
und eine Stupsnase.

„Du kannst dich
neben Finn setzen",
meint die Lehrerin.

„Finn, zeigst du Luisa dann
die Tiere?"
Finn schneidet eine Grimasse.

In der Pause ist es so weit.
Luisa darf die Tiere sehen:
Pony-Stute Lotte, ihr Fohlen Lasse,
den Esel Leo

und die beiden Ziegen
Olga und Lina.

„Das sind ganz wilde Tiere",
behauptet Finn.
„Sie sind hier bei uns,
weil niemand sie haben wollte."
„Oh!", macht Luisa.

„Lotte wirft alle Reiter ab",
schwindelt Finn weiter.
„Und Lasse schlägt aus.

Olga und Lina beißen,
wenn man nicht aufpasst.
Und Leo ..."

„Aufhören!", ruft Luisa.
Aber sie hält lieber
Abstand vom Zaun.

Die Pause ist zu Ende.
„Für die Warnung habe ich
eine Tafel Schokolade verdient",
sagt Finn.

„Das muss ich mir
noch überlegen", murmelt Luisa.

Luisa muss helfen

Am Wochenende
soll sich Luisa
um die Tiere kümmern.
Zum Glück sind
Marie und Anne dabei.

Die Koppel ist matschig.
Lasse wälzt sich im Schlamm!

„Oje!", ruft Marie.
„Wie sieht denn Lasse aus?
Ein richtiger Dreck-Spatz!"

Anne holt ein Halfter.
Sie führt Lasse vor den Stall
und bindet ihn an.
Marie bringt schon
Striegel und Bürste.

Hausmeister Pohl kommt hinzu.
Er muss lachen,
als er Lasse sieht.

„Da brauchen wir schon
den Schlauch", sagt er
und holt den Wasserschlauch.

Marie dreht den Hahn auf.
Lasse bekommt eine Dusche.

„Jetzt sieht er wieder aus
wie ein Pony", sagt Marie.
Luisa schaut stumm zu.
Marie und Anne reiben Lasse ab.
Dann nehmen sie
Striegel und Bürste.

14

Endlich ist Lasse fertig.
Sein Fell glänzt in der Sonne.
Anne bindet ihn los.

„Luisa, kannst du den Strick
mal halten?", fragt sie.
„Wir bringen die Sachen weg."

Marie und Anne verschwinden.
Luisa steht da
mit dem Strick in der Hand.
Ihre Knie zittern.

Sie stellt sich so weit weg
von Lasse, wie es geht.

Lasse haut ab

Lasse ist neugierig.
Er kommt näher und
schnuppert an Luisas Jacke.

Sie will den Ärmel wegziehen.
Aber Lasse hält
die Jacke mit den Zähnen fest.
Luisa lässt vor Schreck
den Strick los.

Lasse macht zwei Schritte zur Seite.
Das Seil-Ende schleift
über den Boden.
Als Luisa sich danach bückt,
gibt er ihr übermütig einen Schubs.

Luisa fällt hin und muss weinen.
Finn hat recht. Lasse ist wild!

Endlich kommen
Anne und Marie zurück.
„Was ist los?", fragt Marie.
„Lasse hat mich gestoßen",
weint Luisa.

„Und wo ist er jetzt?", fragt Anne.
„Weggelaufen?", sagt Marie.
Luisa nickt nur.

„Wir müssen ihn wieder einfangen!",
ruft Anne. „Unbedingt!"
„Hoffentlich rennt Lasse
nicht in ein Auto", sagt Marie.

„Da vorne ist er!", ruft Anne.
Sie deutet zum Feld
hinter der Schule.

Lasse galoppiert
über den weichen Boden.
Marie, Anne und Luisa laufen los.
„Bleib stehen, du Ausreißer!",
ruft Anne.

Natürlich hört Lasse nicht.
„Ich kann nicht mehr!",
keucht Luisa.
Sie lässt sich ins Gras fallen.

Marie und Anne rennen weiter.
Bei einem Apfelbaum
hält Lasse an.
Er schnuppert an den Äpfeln.

Marie und Anne
sind schon ganz nah.
Doch da rennt Lasse
zu einem anderen Baum.

22

Darunter sitzt Luisa.
Als sie Lasse sieht,
springt sie
vor Angst auf.

Sie klettert schnell
auf den Baum.
Lasse will
an ihren Schuhen knabbern.
Luisa zieht die Beine hoch.
„Blödes Vieh!", schimpft sie.

Marie schleicht sich
von hinten an.
Sie schnappt sich den Strick.
„Endlich hab ich dich,
du Ausreißer!", ruft sie.

Jetzt ist auch Anne da.

„Gut, dass du ihn abgelenkt hast",
sagt sie zu Luisa.
Luisa ist wütend.
„Was macht das Ungeheuer
an eurer Schule?", schreit sie.

Marie und Anne lachen.
„Lasse ist doch
kein Ungeheuer", meint Marie.

„Doch, das ist er", sagt Luisa.
„Finn sagt das auch.
Alle Tiere sind wild!"

Anne und Marie müssen
noch mehr lachen.
„Und das glaubst du?",
fragt Anne.

„Finn hat geschwindelt", sagt Marie.
„Das macht er oft. Gemeiner Kerl!"

Luisa klettert langsam vom Baum.
Marie und Anne führen Lasse
zur Koppel zurück.
Dort begrüßt Lotte ihren Sohn
mit einem lauten Wiehern.

Reitstunde für Luisa

„Kann man

auf Lotte wirklich reiten?",

will Luisa wissen.

„Ja", sagt Anne.

„Lotte ist ganz brav.

Sie hat uns noch nie

abgeworfen."

28

Marie klettert
auf Lottes Rücken.
Ohne Sattel und Zügel
reitet sie zwei Runden.

Dann springt sie
von Lotte herunter.

„Glaubst du noch immer,
dass Lotte wild ist?", fragt Anne.
Luisa schüttelt den Kopf.

„Willst du auch mal reiten?",
fragt Marie.
„Ich führe Lotte am Halfter."
Luisa überlegt.
„Ja", sagt sie dann leise.

Marie hilft ihr beim Aufsteigen.
Luisa zittert ein wenig.
„Halt dich an der Mähne fest",
sagt Anne.

Sie führt Lotte über die Koppel.
„Reiten ist leicht", meint sie.
Luisa nickt und lacht.

Plötzlich ist Lasse an ihrer Seite.
Sie zieht ängstlich
die Füße hoch.

„Er ist nur neugierig", sagt Anne.
„Lasse ist etwas stürmisch.
Aber er mag dich!"

Nach drei Runden hat Luisa genug.
Sie rutscht von Lottes Rücken.

Lasse schnuppert an ihrer Jacke.
Luisa streichelt seinen Kopf.
Das Fohlen wiehert leise.
Luisa wird es
ganz warm im Bauch.
„Lasse ist süß", sagt sie.

Luisa hilft beim Füttern.
Sie schleppt Heu herbei
und verteilt Möhren.
Sie streichelt sogar Olga und Lina.

„Finn war echt gemein!", sagt Anne.
„Das schreit nach Rache!
Ich hab da eine Idee ..."

Am Nachmittag gehen sie
in ein Café.
Hier gibt es Pralinen.
Sie werden frisch gemacht.

„Pralinen mit Senf und Ketchup",
sagt Luisa. „Geht das?"
Die Verkäuferin lacht.
„Bei uns geht alles", sagt sie.

Schokolade mit Biss

„Eine ganze Tafel Schokolade,
das ist zu viel", sagt Luisa
am Montag zu Finn.
„Aber ich habe Pralinen dabei.
Sie sind sehr lecker."

Finn greift sofort
nach der kleinen Schachtel.
„Auch gut", sagt er.

Im Nu ist Finn
von seinen Freunden umringt.
Er verteilt die Pralinen:

„Zwei für mich,

eine für Tim

und eine für Anton."

Die Jungen stopfen sich
die Pralinen in den Mund.
Luisa wartet gespannt.

Finn verdreht die Augen.
Er spuckt die Praline
in seine Hand.
„Was ist das? Pfui Teufel!"

Tim und Anton spucken ebenfalls.
„Das ist für die Geschichte
mit den wilden Tieren",
ruft Luisa. „Schokolade mit Biss!"

Die Mädchen freuen sich.
Der Streich ist gelungen!

Hallo!
Ich bin Luna Leseprofi.
Ich fliege durch das All.
Und ich bin ein echter Leseprofi.
Möchtest du mit mir lesen lernen?

Dann beantworte die 5 Fragen.
Löse jetzt das Rätsel und komm mit
in meine Lese-Welt im Internet.
Dort gibt es noch mehr
spannende Spiele und Rätsel!

Leserätsel

1. Wer zeigt Luisa die Tiere?

R: Leon zeigt ihr die Tiere.

T: Finn zeigt ihr die Tiere.

P: Lasse zeigt ihr die Tiere.

2. Was passiert am Wochenende?

L: Luisa trifft sich mit Finn.

A: Luisa hat ihre Ruhe vor den Tieren.

I : Luisa kümmert sich um die Tiere.

3. Warum hat Luisa Angst vor Lasse?

E: Weil Finn sie angeschwindelt hat.

N: Weil Lasse ein Wildpferd ist.

A: Weil Lasse ausschlägt.

4. Am Ende traut Luisa sich, …

L: … Lasse zu striegeln.

T: … auf Lasse zu reiten.

R: … auf Lotte zu reiten.

5. Was ist <u>nicht</u> in den Pralinen?

L: Senf

Z: Ketchup

E: Schokolade

Ein kleiner Tipp: Schau noch einmal auf den Seiten
6 bis 8, 11, 26 und 27, 30 bis 31 und 35 nach.
Dort findest du die richtigen Antworten.

Lösung: __ __ __ __ __

Hast du das Rätsel gelöst?
Dann gib das Lösungswort unter
www.LunaLeseprofi.de ein.
Hole deine Familie, deine Freunde
und Lehrer dazu. Du kannst dann
noch mehr Spiele machen.
Viel Spaß! Deine Luna

Sonne, Mond und Sterne

1. Klasse

Mehr Abenteuer mit Lieblings-Pony Lotte

Marliese Arold
Die Pony-Schule
Lotte ist weg!
ISBN 978-3-7891-1195-2

Marliese Arold
Die Pony-Schule
Ein Fohlen für Lotte
ISBN 978-3-7891-1216-4

Marie geht auf die schönste Schule der Welt: Hier gibt es echte Tiere! Doch dann verschwindet plötzlich Maries Lieblings-Pony ...

Marie und Anne wundern sich: Warum ist Lotte so dick? Tatsächlich: Lotte bekommt ein Fohlen! Aber wie soll das Kleine heißen?

Oetinger

Mit Lesespielen im Internet. Lesepatenmodell für Lehrer und Eltern.
www.LunaLeseprofi.de und www.oetinger.de